¿Qué son los presupuestos?

Trabajo con decimales

Andrew Einspruch

Créditos de publicación

Editor
Peter Pulido

Editora asistente
Katie Das

Directora editorial
Emily R. Smith, M.A.Ed.

Redactora gerente
Sharon Coan, M.S.Ed.

Directora creativa
Lee Aucoin

Editora comercial
Rachelle Cracchiolo, M.S.Ed.

Créditos de imágenes

El autor y el editor desean agradecer y dar crédito y reconocimiento a los siguientes por haber dado permiso para reproducir material con derecho de autor: portada , Big Stock Photos; título, Big Stock Photos; p.4 (izquierda), Alamy; p.4 (derecha),Photos.com; p.5, Harcourt Index; p.7, PhotoEdit.com; p.8, The Photo Library; p.9, Harcourt Index; p.10 (izquierda), Shutterstock; p.10 (derecha), Alice McBroom Photography; p.11, Big Stock Photos; p.11 (derecha), Shutterstock; p.12, Harcourt Index; p.13, The Photo Library; p.14, Harcourt Index; p.15, Big Stock Photos; p.16, Getty Images; p.17, The Photo Library/Alamy; p.18, Big Stock Photos; p.20 (izquierda), PhotoEdit.com; p.20 (derecha), PhotoEdit.com; p.21, Alamy; p.22, The Photo Library/Alamy; p.23, Corbis; p.24, Shutterstock; p.25, Shutterstock; p.26, PhotoEdit.com; p.27, The Photo Library; p.28, The Photo Library/Alamy; p.29, The Photo Library/Alamy

Aunque se ha tomado mucho cuidado en identificar y reconocer el derecho de autor, los editores se disculpan por cualquier apropiación indebida cuando no se haya podido identificar el derecho de autor. Estarían dispuestos a llegar a un acuerdo aceptable con el propietario correcto en cada caso.

Teacher Created Materials

5301 Oceanus Drive
Huntington Beach, CA 92649-1030
http://www.tcmpub.com
ISBN 978-1-4333-0495-8
© 2009 Teacher Created Materials

Contenido

¿Qué es un presupuesto?

Un presupuesto es un plan para el dinero. Tiene 2 partes: **ingresos** y **gastos**. Los ingresos son el dinero que alguien recibe. Puedes recibir una **mesada**. Los gastos son cosas en las que se gasta el dinero, como comida o ropa.

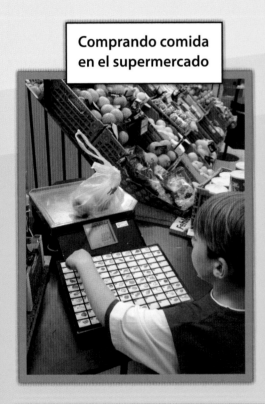

Comprando comida en el supermercado

Algunos niños reciben una mesada.

¡Tu presupuesto en una bolsa!

La palabra presupuesto en inglés (budget) proviene de la palabra del francés antiguo para bolsa o cartera. Una *bouge* era una bolsa de cuero usada para llevar dinero.

Un presupuesto ayuda a asegurarte que no gastes más de lo que **puedes permitirte**. Te ayuda a planear tus ingresos (dinero que recibirás) y gastos (dinero que gastarás).

Algunos niños ganan sus ingresos como repartidores de periódico.

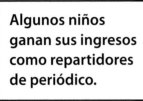

Valor posicional del dinero para gastos

¿Preferirías tener $12.00 en dinero para gastar o $21.00 en dinero para gastar? Como la mayoría de la gente, ¡probablemente te gustaría tener $21.00 para gastar! Eso es porque es una suma mayor.

El **valor** de cada número en el dinero depende de su lugar, o **posición**, en esa cifra.

Decenas	Unidades
1	2
2	1

a. En $12.00, ¿cuál es el valor en dólares del 1?

b. En $21.00, ¿cuál es el valor en dólares del 1?

c. En $21.00, ¿cuál es el valor en dólares del 2?

Tomar buenas decisiones

Los presupuestos pueden ayudarte a sacarle el mayor provecho a tu dinero. Son una buena manera de ayudarte a pensar mejor y a tomar mejores decisiones.

Exploremos las matemáticas

Con frecuencia, el dinero se escribe en forma **decimal**. Un punto decimal separa los dólares y los centavos. Los dólares son números enteros y se encuentran a la izquierda de un punto decimal. Los centavos se muestran a la derecha de un punto decimal.

Hay 100 centavos en un dólar. Los números a la derecha del punto decimal muestran la parte (o fracción) de 100 centavos, o parte de 1 dólar. Los valores posicionales después del punto decimal son los lugares de las décimas y centésimas.

Así que, $1.05 = 1 dólar y 05 centavos o 1 dólar y 5 centésimas de dólar.

$2.85 = 2 dólares y 85 centavos o 2 dólares y 85 centésimas de dólar.

$1.05 y $2.85 se muestran de la siguiente manera en esta tabla:

Decenas	Unidades	Punto decimal	Décimas	Centésimas
	1	.	0	5
	2	.	8	5

Dibuja la tabla anterior. Luego muestra:

a. $1.20   **b.** $15.50   **c.** $21.05

Supongamos que quisieras comprar una bicicleta nueva. Un presupuesto te ayudaría a planear cuánto necesitarías ahorrar y por cuánto tiempo.

Presupuestos y el tiempo

Un presupuesto es un plan que cubre un periodo de tiempo. Puede ser por una cantidad de tiempo determinada—una semana, un mes o incluso un año.

Los presupuestos están por todos lados

¿Quién usa los presupuestos? Las familias y los **individuos** los usan. También los usan los negocios, las **instituciones caritativas** y los **gobiernos**. En realidad, todos los que necesitan planear ingresos y gastos usan un presupuesto.

Los presupuestos pueden ser de cantidades pequeñas, como tu mesada y tus gastos. También pueden abarcar billones de dólares, como el presupuesto del gobierno de una nación.

Cada año, el gobierno de los Estados Unidos da a conocer un presupuesto para la nación.

Millones, miles de millones y billones

¿Cuánto es 1 millón? ¿Qué forma tienen mil millones? ¿Existen realmente los billones?

Bien, sí los hay. Pero es un número tan extraordinario que puede ser realmente difícil de comprender. Empecemos con 1 millón.

1 millón es 1,000 x 1,000
Se escribe así: 1,000,000

Mil millones es 1,000 x 1 millón
Se escriben así: 1,000,000,000

1 billón es 1,000 x mil millones
Se escribe así: 1,000,000,000,000.

Un presupuesto sencillo

Veamos un presupuesto sencillo. Sam recibe una mesada semanal de $5.00. También recibe $15.50 a la semana por ayudar a su vecina, la Srta. Liu, en el jardín. Las dos sumas son sus ingresos.

Exploremos las matemáticas

Sam gana $15.50 por semana de la Srta. Liu. Esta es la forma en que la Srta. Liu le pagó: 1 x un billete de $10.00; 5 billetes x $1.00; 4 monedas de 10 centavos y 10 *pennies*.

a. ¿Le dio la Srta. Liu a Sam la cantidad correcta de dinero?

b. Dibuja la tabla siguiente y muestra cuánto dinero gana Sam en una semana tanto con su mesada como con su trabajo de jardinería.

Decenas	Unidades	Punto decimal	Décimas	Centésimas
		.		

Los gastos de Sam incluyen $9.50 por semana en el cine y $5.00 por semana en comer en restaurantes. Al final de cada semana, a Sam le quedan $6.00 después de sus gastos. Ella deposita estos $6.00 en sus ahorros.

Presupuesto semanal de Sam

Ingresos

Mesada	$5.00
Dinero de la Srta. Liu	$15.50
Ingresos totales	**$20.50**

Gastos

Películas	$9.50
Restaurantes	$5.00
Gastos totales	**$14.50**

Ingresos totales − gastos totales = ahorros

$20.50 − $14.50 = $6.00

Tu propio presupuesto

Entonces, ¿cómo haces un presupuesto? El primer paso es seguir tus ingresos y gastos—así como lo hizo Sam.

Empieza por escribir en un cuaderno lo que ganaste y lo que gastaste. Haz esto por varias semanas. Esto te ayudará a llevar la cuenta de tu dinero cada semana.

Mi presupuesto

Semana 1

Ganado

Mesada	$7.25
Reparto de periódicos	$20.00

Gastado

Pizza	$5.25
Cine	$9.75
Libro de historietas	$2.00
Natación	$4.00
Tarjetas de colección	$2.25

Semana 2

Ganado

Mesada	$7.25
Reparto de periódicos	$20.00

Gastado

Libro de historietas	$2.00
Cine	$9.75
Sándwich	$5.25
Tarjetas de colección	$2.25
Natación	$4.00

Planea con tiempo

Luego, es necesario que planees con anticipación. ¿Para qué necesitas ahorrar? Una vez que lo sepas, puedes planear para las semanas que vienen. Debajo del encabezado *Ingresos*, haz una lista de lo que ganarás. Esto puede incluir tu mesada o dinero extra por ayudar en casa.

Mi presupuesto semanal

Ingresos

Mesada	$7.25
Repartir periódicos	$20.00
Tareas extras en casa	$5.50

Exploremos las matemáticas

Usa la lista de ingresos para responder a las preguntas.

a. Escribe la lista de ingresos en orden de la cantidad mayor a la menor.

b. ¿Cuál es el ingreso semanal total? *Pista*: Cuando sumes decimales, siempre alinea los puntos decimales uno debajo del otro.

Ahora haz una lista bajo el encabezado *Gastos*. Escribe en qué crees que gastarás el dinero. Esto puede incluir comida, películas, CDs —¡tú decides! La información en tu cuaderno te ayudará.

Mi presupuesto semanal

Gastos

Restaurantes	$5.25
Entretenimiento	$4.00
Cine	$9.75
Libros de historietas	$4.00

Categorías de presupuesto

Usa **categorías** para agrupar las cosas de tu presupuesto. Esto te ayudará a llevar la cuenta de todo. Por ejemplo, películas, conciertos y DVDs también pueden ir en una categoría llamada *Entretenimiento*. Una categoría llamada *Restaurantes* puede incluir toda la comida que compras, como pizza o sándwiches.

¿Cuánto te queda?

Ahora, suma todas las cosas en tu *Lista de ingresos*. Estos serán tus ingresos totales. Luego suma todas las cosas de tu *Lista de gastos* para conocer tu total de gastos.

Luego, resta los gastos totales de los ingresos totales. Esto te dirá cuánto dinero te quedará al final de la semana. Este dinero puede ir a tus ahorros.

Mi presupuesto semanal

Ingresos

Mesada	$7.25
Repartir periódicos	$20.00
Tareas extras en casa	$5.50
Ingresos totales	**$32.75**

Gastos

Restaurantes	$5.25
Entretenimiento	$4.00
Cine	$9.75
Libros de historietas	$4.00
Gastos totales	$23.00

Ingresos totales − gastos totales = $9.75 en ahorros

Exploremos las matemáticas

Carlos ha estado ahorrando para comprar un juego de computadora. El juego cuesta $22.50. Carlos vacía su alcancía y cuenta cuánto dinero ha ahorrado hasta ahora.

a. En su alcancía, Carlos tiene 2 billetes de $5.00, 4 monedas de 25 centavos y 10 monedas de 10 centavos. ¿Cuánto dinero tiene?

b. ¿Cuánto dinero necesita ahorrar Carlos? *Pista*: Cuando restes decimales, siempre alinea los puntos decimales uno debajo del otro.

¡Cúmplelo!

¡Lo hiciste bien! Has hecho tu primer presupuesto. Pero no basta con sólo hacer una lista de lo que puedes gastar. Si quieres que tu presupuesto funcione, tienes que cumplirlo.

Consejo para hacer presupuestos: Usar computadoras para ayudarte a hacer un presupuesto

Una computadora es una gran herramienta para hacer presupuestos. Es en realidad una versión más sofisticada de tu cuaderno. Te permite hacer una lista por categorías de ingresos y gastos. Te permite hacer cambios. Y algunas veces ¡hace los cálculos por ti!

Los ahorros de Sam

Sam quiere ahorrar para un DVD. El DVD cuesta $30.00. De acuerdo con su presupuesto, ella sabe que le quedan $6.00 al final de cada semana. Pero Sam no quiere cambiar sus gastos. Realmente disfruta de ir al cine y restaurantes.

Sam necesitaba averiguar cuánto tiempo le tomaría ahorrar $30.00. Así que descubrió que le tomará 5 semanas ahorrar para el DVD. Serán 5 largas semanas, ¡pero valdrá la pena!

Costo del DVD ÷ ahorros por semana = número de semanas
$30.00 ÷ $6.00 = 5 semanas

Exploremos las matemáticas

Después de 5 semanas, Sam finalmente había ahorrado dinero suficiente para comprar el DVD. En la tienda, recibe una sorpresa. ¡El DVD está en oferta!

a. Sam compra el DVD y recibe $5.50 de cambio. ¿Cuánto costó el DVD?

b. Con el cambio, Sam compra unos caramelos. Le cuestan 75¢. ¿Cuánto dinero le queda ahora?

Cambios en el presupuesto

¿Qué pasa si sucede algo que hace cambiar tus ingresos o tus gastos? Tienes que asegurarte que tu presupuesto cambie también.

Actualiza tu presupuesto

Recuerda que un presupuesto es un plan. Los planes necesitan ser actualizados conforme cambian las cosas. Si ganaste menos dinero o tienes un gasto inesperado, tu presupuesto cambia. Trata de reducir tus gastos.

Miremos nuevamente el presupuesto de Sam. ¿Qué pasa si sucede algo que cambia su presupuesto? Sam recibe $5.00 por semana como mesada. Ella gana $15.50 por semana de la Srta. Liu. Sus gastos son de $8.50 por semana en el cine y $5.00 por semana en restaurantes.

Pero, ¿qué pasa si la Srta. Liu sale de vacaciones por una semana y no necesita que Sam le ayude? ¡Eso resultaría en un gran cambio en el presupuesto de Sam!

Presupuesto semanal (revisado) de Sam

Ingresos

Mesada:	$5.00
Ingresos totales:	**$5.00**

Gastos

Restaurantes:	$5.00
Gastos totales:	**$5.00**

Sam no puede ir al cine la semana que la Srta. Liu está de vacaciones. Todavía puede comer fuera, pero no le quedará dinero para sus ahorros. Así que le tomará una semana más para ahorrar para su DVD.

Exploremos las matemáticas

Nisha, la amiga de Sam, está enferma y le ha pedido que cumpla su ruta de reparto de periódicos por 2 días. ¿Cuánto dinero extra ganará Sam en 2 días si recibe $3.50 dólares cada día?

¡Adelante!

Los presupuestos pueden ser muy **detallados** o muy sencillos. Pero no importa qué tan grande o pequeño sea, cada presupuesto es en realidad lo mismo. Es un plan que proyecta todo lo que se gana y todo lo que se gasta.

Así que, ahora que has empezado a hacer un presupuesto, sigue adelante. ¡Podría ayudarte a estar seguro de que puedes hacer todas las cosas que quieras hacer!

Perros calientes deliciosos

Chris juega en un equipo local de baloncesto. El equipo necesita nuevos uniformes, pero el club no tiene dinero. Los nuevos uniformes cuestan $5.00 cada uno. Chris quiere ayudar de cualquier manera que pueda. Ha decidido recaudar dinero abriendo un puesto de venta de perros calientes en la feria de su escuela. Quiere vender 100 perros calientes. Averigua el costo de los ingredientes. Éstos son sus gastos.

50 perros calientes = $100.00

50 bollos para los perros calientes = $25.00

4 botellas de salsa dulce de tomate = $14.00

4 botellas de mostaza = $16.00

¡Resuélvelo!

a. Si Chris vende los 100 perros calientes a $3.50 cada uno, ¿cuánto dinero ganará? Éstos son sus ingresos.

b. ¿Cuánto dinero ganó Chris tras pagar los gastos? Ésta es su ganancia.

c. ¿Cuántos uniformes podrá comprar el club?

Usa los pasos siguientes para ayudarte a resolver los problemas.

Paso 1: Encuentra el costo de 100 perros calientes, 100 bollos para los perros calientes, 8 botellas de salsa dulce de tomate y 8 botellas de mostaza. *Pista*: Duplica el costo que se presenta en la página 28.

Paso 2: Suma todos los gastos.

Paso 3: Averigua los ingresos por la venta de 100 perros calientes.

Paso 4: Resta el costo de los gastos de los ingresos de las ventas. El dinero sobrante es la ganancia. Chris puede usar la ganancia para comprar los uniformes.

Paso 5: Divide la ganancia entre $5.00.

Glosario

categorías—grupos dentro de un sistema; los presupuestos pueden tener diferentes categorías

decimal—un número basado en 10

detallado—que muestra muchas partes

gastos—cosas en que la gente gasta el dinero

gobiernos—grupos de líderes por lo general escogidos por el pueblo de cierta área para administrarla

individuos—personas solas, no gente en un grupo

ingresos—la cantidad de dinero ganado

instituciones caritativas—organizaciones que hacen donativos a personas necesitadas

mesada—una cantidad fija de dinero de bolsillo

permitirse—poder pagar por algo

posición—el orden, o lugar, de algo

valor—la cantidad de algo

Índice

Exploremos las matemáticas

Página 5:
a. El valor de 1 es $10.00
b. El valor de 1 es $1.00
c. El valor de 2 es $20.00

Página 6:

Decenas	Unidades	Punto decimal	Décimas	Centésimas
	1	.	2	0
1	5	.	5	0
2	1	.	0	5

Página 10:
a. Sí.
b.

Decenas	Unidades	Punto decimal	Décimas	Centésimas
2	0	.	5	0

Página 15:
a. Ingreso
   $20.00
   $7.25
   $5.50
b. El ingreso semanal total es $32.75.

Página 19:
a. Carlos tiene $12.00.
b. Carlos necesita ahorrar $10.50.

Página 22:
a. El DVD costó $24.50
b. Sam recibió $5.50 de cambio:
   $30.00 − $24.50 = $5.50
   $5.50 − 75¢ = $4.75
   A Sam le quedan $4.75.

Página 25:
$3.50 + $3.50 = $7.00
Sam ganará $7.00 por cubrir la ruta de periódicos de reemplazo de Nisha por 2 días.

Actividad de resolución de problemas

50 perros calientes = $100.00. Entonces, 100 perros calientes: $100.00 x 2 = $200.00
50 bollos para los perros calientes = $25.00. Entonces, 100 bollos para los perros calientes; $25.00 x 2 = $50.00
8 botellas de salsa dulce de tomate = $28.00
8 botellas de mostaza = $32.00

Gastos
$200.00
$50.00
$28.00
$32.00
Total: $310.00

a. Chris ganará $350.00
b. $350.00 en ingresos − $310.00 en gastos = $40.00 en ganancias
c. El club podrá comprar 8 uniformes.
   $40.00 de ganancias ÷ $5.00 costo por uniforme = 8 uniformes